Español para principiantes™

por Sara Jordan

Producido y editado
por
Sara Jordan Publishing

una división de

℗© MCMXCIII Jordan Music Productions Inc.

(SOCAN)

ISBN 1 - 895523 - 33 - 8

Reconocimientos

Productora, autora y compositora: Sara Jordan
Traducción al español: Ramiro Puerta
Cantantes: Alejandra Nuñez y Ramiro Puerta
Ingeniero de sonido: Mark Shannon, Sound Image Productions
Diseño y arte: Campbell Creative Services
Ilustraciones: Héctor Obando
Presentación gráfica: Darryl Taylor
Grabación y mezcla: Sound Image Productions
Toronto, Ontario, Diciembre MCMXCIII

Para mayor información contáctenos a:

Jordan Music Productions Inc.
M.P.O. Box 490
Niagara Falls, NY
U.S.A. 14302-0490

Jordan Music Productions Inc.
Station M, Box 160
Toronto, Ontario
Canadá, M6S 4T3

www.Aprendecantando.com
sjordan@sara-jordan.com
Teléfono (905) 937-9000

Para Jess y Ben,
con mucho amor

Índice

Sugerencias para profesores

y padres de familia

*L*a mayoría de ustedes sin duda sabrán que hoy en día, el analfabetismo entre nuestra juventud no se debe a la incapacidad de aprender a leer o a escribir, sino se debe más a la falta de interés en aprender. En una sociedad que avanza a gran velocidad, donde la televisión, los videos y la música nos bombardean a todo momento, *Español para principiantes* presenta una nueva forma rápida y divertida de aprender.

Las canciones y los ejercicios pueden ser utilizados por estudiantes de todos los niveles. Usted podrá adaptar la presentación de este material de acuerdo al nivel y edad de sus estudiantes.

Los niños en edad pre-escolar gozarán cantando "El alfabeto", "Contando con los animales"; aprendiendo "Palabras opuestas", los colores, las frutas; bailando "La danza de las partes del cuerpo"; marchando al ritmo de la "Marcha del cuadrado"; y bailando el "Vals del triángulo".

Las pistas instrumentales al final de la grabación son también muy útiles para realizar presentaciones musicales y para fomentar la escritura creativa de estudiantes que deseen escribir sus propias letras.

Algunas ideas para usar este material:

Para la edad pre-escolar:

- ✓ Haga que los estudiantes imiten los sonidos de los animales.

- ✓ En la canción "Mi amigo Luis", la cual enseña a nombrar a los miembros de la familia , escriba en un cartón los parentescos de cada miembro aludidos en la canción. Luego, prepare a los estudiantes para que asuman el papel de cada miembro a la par con la cancion, de manera que les permita entender las relaciones.

- ✓ "La danza de las formas" asocia el triángulo con la idea de un vals de tres compases; y el cuadrado con la marcha de cuatro compases. Enséñeles a bailar el vals y la marcha a los niños mientras cantan.

- ✓ Cree su propia receta para la "Sopa de arco iris" con los niños y haga que ellos sugieran diferentes frutas y verduras. Propóngales que hagan un dibujo de la sopa.

Con estudiantes de primaria:

- ✓ Cante las canciones en la clase y luego haga que los estudiantes lean la letra usando el cancionero. Leer resulta fácil aun para el más reticente de los lectores cuando se hace de esta forma. Los estudiantes más avanzados pueden también beneficiarse utilizando las pistas musicales.Por ejemplo, ellos pueden inventar nuevas letras y hasta crear coreografías al ritmo de las canciones para hacer presentaciones ante profesores y otros estudiantes.

- ✓ Anime a sus estudiantes a cantar, leer y escribir tan frecuente como sea posible y motívelos a desarrollar las actividades multiculturales y concursos disponibles en nuestra página de internet, donde podrán establecer correspondencia con gente y estudiantes de todas partes del mundo.

www.AprendeCantando.com

El alfabeto

Coro 3 veces:

A B C CH

D E F G

H I J K L

Español para principiantes ©MCMXCIII Sara Jordan Publishing

LL M N Ñ

O P Q R

RR S T U

V W X Y Z

Cuando aprenda bien el alfabeto,
lo voy a cantar siempre completo.

En 1995 la Real Academia Española dispuso la desaparición, dentro del alfabeto, de las letras **ch** y **ll**; sin embargo, los sonidos se mantienen, razón por la cual han sido incluídas en nuestra canción.

Ejercicio

Traza cada letra en la dirección indicada:

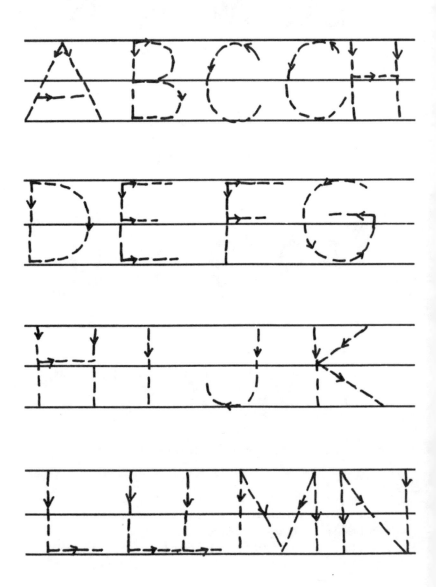

Español para principiantes ©MCMXCIII Sara Jordan Publishing

Contando con los animales

1 vaquita
despierta así:
canta ??
pasa por ahí.

Mi granja despierta
al salir el sol:
??
abro el portal.

2 marranitos
despiertan así:
cantan ??
pasan por ahí.

Mi granja despierta
al salir el sol:
??
abro el portal.

Coro:

1 y **2**
3 y **4**
5 *animalitos*
en el corral.

6 y **7**
8 y **9**
10 *animalitos*
para contar.

3 ovejitas
despiertan así:
cantan **??**
pasan por ahí.

Mi granja despierta
al salir el sol:
??
abro el portal.

4 gallinitas
despiertan así:
cantan ??
pasan por ahí.

Mi granja despierta
al salir el sol:
??
abro el portal.

coro...

5 burritos
despiertan así:
cantan ??
pasan por ahí.

Mi granja despierta
al salir el sol:
??
abro el portal.

 Español para principiantes ©MCMXCIII Sara Jordan Publishing

6 gaticos
despiertan así:
cantan ??
pasan por ahí.

Mi granja despierta
al salir el sol:
??
abro el portal.

coro...

7 perritos
despiertan así:
cantan ??
pasan por ahí.

Mi granja despierta
al salir el sol:
??
abro el portal.

Español para principiantes ©MCMXCIII Sara Jordan Publishing

8 gallitos
despiertan así:
cantan ??
pasan por ahí.

Mi granja despierta
al salir el sol:
??
abro el portal.

coro...

9 paticos
despiertan así:
cantan ??
pasan por ahí.

Mi granja despierta
al salir el sol:
??
abro el portal.

Español para principiantes ©MCMXCIII Sara Jordan Publishing

10 caballitos
despiertan así:
cantan ??
pasan por ahí.

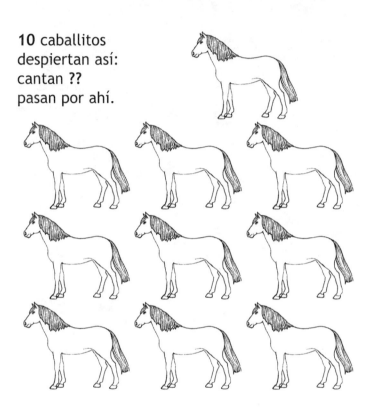

Mi granja despierta
al salir el sol.
??
abro el portal.

coro...

La danza de las partes del cuerpo

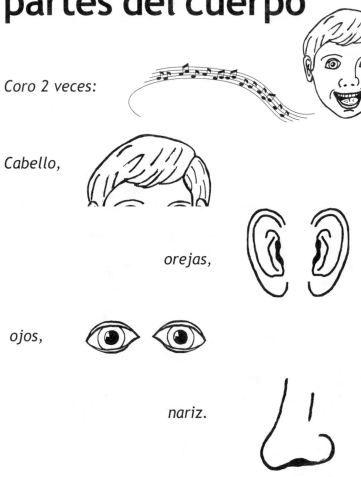

Coro 2 veces:

Cabello,

orejas,

ojos,

nariz.

Esta polca se baila así.

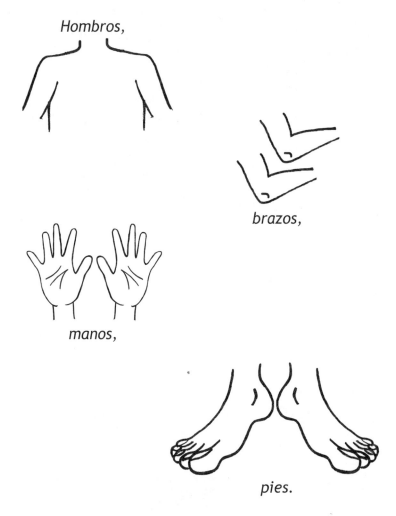

Hombros,

brazos,

manos,

pies.

Así se baila la polca bien.

¿Mira, qué hay
  sobre tu cabeza?
¡Es el cabello que se reboza!
¿Mira, qué hay
  sobre tu cabeza?
¡Tócate el cabello!

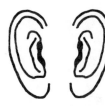

¿Y a cada lado
  de tu cara?
¡Son las orejas para oir!
¿Y a cada lado
  de tu cara?
¡Tócate las orejas!

coro 2 veces...

Y ahora los ojos
   que te dejan ver.
Yo te veo y tú me ves.
Ciérralos y ábrelos para ver
así tu puedes saber.

Muestra la nariz
   que te ayuda a oler.
¡Muévela allí y muévela allá!
Muestra la nariz
   que te ayuda a oler.
¡Muévela allí y muévela allá!

coro 2 veces...

Muestrame tus dos hombros.
Alza el uno y alza el otro.
¿Dónde están tus hombros?
Alza uno y el otro.

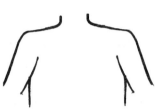

Las manos y brazos unidos son.
¡Muévelos a tu alrededor!
Cada mano es una extremidad
que te da mucha utilidad.

coro 2 veces...

Tenemos piernas para caminar
paso adelante y otro atrás.
Camina rápido para saltar.
Las piernas pueden hacer mucho más.

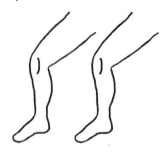

Cada pie tiene cinco dedos,
nos dan agarre al caminar.
Muestra los pies cuando caminemos
y así poder esta polca terminar.

coro 2 veces...

Ejercicio

Crucigrama: Las partes del cuerpo

Horizontales:

2    4    6

8 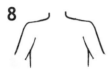   9

Verticales:

1 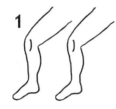   3

5 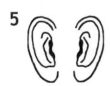   7

Español para principiantes ©MCMXCIII Sara Jordan Publishing

Llena las casillas:

Nº 4

Los días de la semana

Coro 2 veces:

Lunes, martes, miércoles, jueves,
viernes, sábado y domingo.
Mi día favorito es el domingo
porque lo paso contigo.

¿Piensas que los puedes recitar?
Apréndelos de memoria.
Cantemos todos juntos ahora.
¡Listos vamos a comenzar!

coros 2 veces...

¿Sabes tú que los nombres se asocian?
miércoles del planeta mercurio,
martes de marte, viernes de venus.
¿De dónde es lunes? ¡Pues de la luna!

coro 2 veces...

Ejercicio

¿Puedes ordenar los nombres de los días de la semana?

nseul

— — — — —

strema

— — — — — —

ciesrmolé

— — — — — — — —

uejsev

_ _ _ _ _ _

neivrse

_ _ _ _ _ _

áabosd

_ _ _ _ _ _

odgniom

_ _ _ _ _ _ _

Mi amigo Luis

Luis, mi gran amigo y mi vecino,
me invita a comer con su familia.
Cada vez que Luis está conmigo,
comer con su familia es una aventura.

Coro:

*Porque en la mesa son 16
y una rata blanca que es la de Luis.
16 personas comiendo siempre
y una rata blanca que engorda el vientre.*

 Español para principiantes ©MCMXCIII Sara Jordan Publishing

En la casa viven su padre y su madre,
tío, tía, 2 hermanas y 2 hermanos,
5 primos, una abuela y un abuelo.
Suman 16 y una rata blanca.

coro...

Mientras que yo vivo con mi padrastro,
mi madre y una hermanastra,
Luis viene a verme cuando quiere paz.
A Luis le gusta ser un amigo más.

coro...

Ejercicio

Crucigrama: Los miembros de la familia

Horizontales:

2 padre

4 padrastro

6 tío

8 madre

10 abuelo

Verticales:

1 tía

3 rata

4 primos

5 abuela

7 hermanos

9 hermanas

Llena las casillas

Nº 6

Palabras opuestas

Coro 2 veces:

Adentro, afuera,
arriba, abajo,
largo y corto,
noche y día.

Frío y caliente.
rápido, lento.
¡Palabras opuestas
son para aprender!

Me despierto en la **mañana**,
duermo cuando es de **noche**.
Siempre estoy **cerca** de casa
y nunca **lejos** de mis amiguitos.

Trato de ser **feliz**
aunque a veces esté yo **triste**.
Me gusta cuando hace **frío**
pero prefiero el **calor**.

coro 2 veces...

Juego con juguetes **viejos**,
tengo también **nuevos**.
Unos son **pesados**
y otros bien **livianos**.

Me gusta estar con los **grandes**,
prefiero los **pequeños**.
Siempre quiero hacer el **bien**.
No hago el **mal**.

coro 2 veces...

Sopa de arco iris

Coro 2 veces:

¡Sopa de arco iris,
  de fruta de colores!
¡Sopa de arco iris,
  de muchos sabores!
¡Sopa de arco iris!
  Tiene cualidades.
¡Sopa de arco iris!
  Te sabe bien.

Mi amiga Marina cocina bien,
le gusta cocinar.
Le pregunté si me dá de comer.
Me dijo: "¿Qué quieres probar?"

Me dijo: "Primero hay que aprender
a preparar la sopa.
La receta es un gran...secreto
pero la compartiré."

coro 2 veces...

Dijo: "Comienza con la fruta roja,
con manzana bastará.
Agrega una docena de ciruelas
que le dan color azul."

"¿Qué piensas de este plátano?
amarillo de color.
De verde usaremos un limón
y obtendremos gran sabor."

coro 2 veces...

"La mandarina puedes añadir
para el anaranjado.
Apuesto es la mejor sopa de frutas
que jamás has probado."

"Uvas púrpuras para endulzar
y un melón color rosa.
Así preparo la sopa de frutas.
¡Quedará muy sabrosa!"

coro 2 veces...

Ejercicios

¡Colorea las frutas!

Colorea la manzana
de rojo.

Colorea las ciruelas
de púrpura.

Colorea el plátano
de amarillo.

Colorea el limón
de verde.

Colorea la mandarina
de anaranjado.

Colorea de rosado el
interior del melón.

 Español para principiantes ©MCMXCIII Sara Jordan Publishing

Crucigrama: Sopa de arco iris

Horizontales:

2   5   6

Verticales:

1   3   4

La danza de las formas

El vals del triángulo
  para bailar.
1, 2, 3 1, 2, 3
  fácil ya vés.

Unos son cortos,
  otros, largos.
Triángulos tienen
  sólo tres lados.

El pico del monte
es un triángulo.
También es la cometa
y el buque de papel.

Un triángulo forma
un pedazo de ponqué
que hay veces mi madre
me viene a ofrecer.

Alístense para hacer
"La marcha del cuadrado".
Izquierda, derecha, izquierda, derecha.

¡Cómo me gusta mirar
un buen desfile,
cuando marchan al pasar!

Así que decidí
crear una danza
que se llama
"Marcha del cuadrado".

Un cuadrado tiene cuatro lados
y todos son iguales.

Presta atención
a marchar en cuadrado
para que esta canción
tenga ritmo.

¡Con el dedo muestra el norte!
¡Con el dedo muestra el sur!
¡Con el dedo muestra el este y oeste!

Ahora estás listo
  para marchar
y aprender
  "La marcha del cuadrado".

¡Listos para marchar!

Seis pasos hacia el norte.
Izquierda, derecha, izquierda,
derecha, izquierda, derecha.

Seis pasos hacia el oeste... ... ...
Seis pasos hacia el sur... ... ...
Seis pasos hacia el este... ... ...

Ahora da vuelta
hacia el frente
para terminar de marchar.
El cuadrado tiene cuatro lados iguales.
Es fácil aprender.

(Ahora tratemos de hacer círculos
grandes con los brazos)

Coro:

Círculos hago,
círculos hago
Ruedas y ruedas
muevo los brazos.

Círculos hago,
círculos hago.
Ruedas y ruedas
los brazos alrededor.

Como la luna y el sol,
como burbujas de jabón,
los círculos que yo veo
son redondos perfectos.
Redondos, redondos así.

Coro...

Pregunte a su distribuidor sobre otros de los excelentes productos de Sara Jordan

Bilingual Songs Volúmenes 1 y 2

Un excelente recurso para divertise aprendiendo un segundo idioma. El volumen 1 enseña el alfabeto, los números hasta diez, los días de la semana, los meses del año y los colores, comidas, los animales del zoológico,las partes del cuerpo, la ropa y los miembros de la familia. El volumen 2 enseña a contar hasta 30 y por decenas y también enseña sobre las formas geométricas, las emociones, la comunidad, el campo, los instrumentos de medición y los opuestos/antónimos. Ambos volúmenes incluyen el cancionero y actividades que pueden ser reproducidas para el uso en clase. INGLÉS - ESPAÑOL y INGLÉS - FRANCÉS

Español para principiantes Volumen 1

A través de canciones dinámicas, este casete/CD enseña el alfabeto, los números, las partes del cuerpo, los miembros de la familia, los colores, las formas, las frutas y mucho más. Es muy adecuado para el aprendizaje del vocabulario básico de estudiantes de todas las edades. Se puede obtener con el cancionero y libro de actividades.
EN ESPAÑOL, INGLÉS y FRANCÉS

Canciones temáticas para aprender idiomas

Las canciones temáticas para el nivel introductorio enseñan las expresiones comunes, las medios de transporte, la ropa, las comidas, el clima, las partes del cuerpo, las mascotas y las partes de la casa. El cancionero incluye actividades. Las pistas instrumentales al final de la grabación, pueden ser usadas para presentaciones de estilo "karaoke".
EN ESPAÑOL, INGLÉS y FRANCÉS

Fonética funky ™...¡y algo más! – Volumen 1

Este volumen es una fantástica introducción a la lectura usando los métodos de aprendizaje fónico y global. Además de las letras de las canciones, incluye sugerencias útiles para padres y educadores. Los temas cubiertos incluyen el alfabeto, las vocales, las consonantes, la hora, los días de la semana, las estaciones del año, el medio ambiente y más.
EN ESPAÑOL, INGLÉS y FRANCÉS

Gramática rítmica™ Volumen 1

Diez canciones que enseñan diferentes elementos del idioma, las estructuras de la oración, la formación de preguntas y la conjugación de verbos en sus tiempos simples. El cancionero también incluye actividades y crucigramas que pueden ser reproducidos para el uso en clase. Al final de la grabación se incluyen pistas instrumentales que permiten a los estudiantes crear su propia letra o hacer presentaciones musicales.
EN ESPAÑOL, INGLÉS y FRANCÉS

Conjugación en canción Volumen 1

Canciones entretenidas que enseñan la conjugación de los verbos básicos en los tiempos presente, pasado y futuro, incluyendo los verbos irregulares. El cancionero también incluye ejercicios y actividades que pueden ser reproducidos para el uso en clase.
EN ESPAÑOL y FRANCÉS

The Presidents' Rap®

Las leyendas de los presidentes americanos se mantienen vivas al ritmo de diferentes melodías: Rap, Clásico, Swing, Dixie y Pop. Un tesoro musical de información sobre cada presidente. Ideal para montar presentaciones musicales con sus alumnos.
EN INGLÉS

Healthy Habits ™

Canciones y actividades dinámicas para niños de preescolar a 3er grado. Enseñan sobre la nutrición, la pirámide de los alimentos, la anatomía humana, la higiene dental, el cuida do personal y la prevención de los incendios. Incluye pistas instrumentales para ser utilizadas en presentaciones musicales con los estudiantes. EN INGLÉS

Celebrate the Human Race ™

***Ganador del Premio *Directors' Choice* ***
Conozca las siete maravillas naturales del mundo y los niños que viven en esos lugares. La música es representativa de cada país o lugar que se estudia. El libro de actividades incluye trajes típicos de cada país y muñecos de papel para vestir.
EN INGLÉS

Lullabies Around the World ™

Ganador de los Premios *Director's Choice Award* y *Parent's Choice Silver Award*
Canciones de cuna tradicionales cantadas en su idioma original. Incluye la traducción al inglés, actividades multiculturales y las pistas instrumentales para ser utilizadas en presentaciones musicales con los estudiantes.
EN 11 IDIOMAS DIFERENTES

The Math Unplugged ™ Series

Canciones sobre las operaciones matemáticas tales como la adición, la substracción, la multiplicación y la división. Estas canciones rítmicas enseñan las matemáticas básicas. Los ejercicios musicales son repetitivos y divertidos. Un gran volumen que incluye un libro con la letra de las canciones y algunos ejercicios que pueden ser reproducidos.
EN INGLÉS

Celebrate Seasons

Una encantadora colección de canciones y actividades sobre el otoño, la caída de las hojas, la migración y la hibernación. Las flores, la polinización, los solsticios y los equinoccios. También muestra las diferencias en las estaciones del año según la región del mundo. El cancionero incluye ejercicios y actividades que pueden ser reproducidas para el uso en clase. Las pistas instrumentales permiten realizar presentaciones musicales con los estudiantes. EN INGLÉS

Celebrate Holidays

Una colección de canciones y actividades que enseñan sobre las fiestas de Brujas, el día de Acción de Gracias, Chanukan, la Navidad, el Año Nuevo, el día de San Valentín, el día de San Patricio y las Pascuas. Contiene más de doce hojas con actividades. Las pistas instrumentales permiten realizar presentaciones musicales con los alumnos, permitiéndoles a éstos desarrollar sus habilidades en el lenguaje mientras se divierten actuando. EN INGLÉS

Para obtener información sobre el distribuidor más cercano, por favor contacte a Sara Jordan Publishing.

905-937-9000

www.Aprendecantando.com

sjordan@sara-jordan.com